# UMA CARTA DE AMOR

escrita por

mulheres

sensíveis

**Obras da autora publicadas pela Editora Record**

*ABC do amor*
*As cartas que escrevemos*
*No ritmo do amor*
*Sr. Daniels*
*Vergonha*
*Eleanor & Grey*
*Um amor desastroso*

*Série Elementos*
*O ar que ele respira*
*A chama dentro de nós*
*O silêncio das águas*
*A força que nos atrai*

# UMA CARTA DE AMOR

escrita por mulheres sensíveis

**BRITTAINY C. CHERRY
& KANDI STEINER**

*Tradução*
Janine Bürger de Assis

EDITORA RECORD
RIO DE JANEIRO • SÃO PAULO
2022

**EDITORA-EXECUTIVA**
Renata Pettengill

**SUBGERENTE EDITORIAL**
Mariana Ferreira

**ASSISTENTE EDITORIAL**
Pedro de Lima

**AUXILIAR EDITORIAL**
Júlia Moreira
Copidesque
Bhuvi Libanio

**REVISÃO**
Claudia Moreira

**CAPA**
Adaptada da original de Kandi Steiner

**DIAGRAMAÇÃO**
Marcos Vieira

**TÍTULO ORIGINAL**
*A Love Letter from the Girls Who Feel Everything*

---

CIP-BRASIL. CATALOGAÇÃO NA PUBLICAÇÃO
SINDICATO NACIONAL DOS EDITORES DE LIVROS, RJ

Cherry, Brittainy C.

C449c     Uma carta de amor escrita por mulheres sensíveis / Brittainy C. Cherry, Kandi Steiner; tradução Janine Bürger de Assis. – 1. ed. – Rio de Janeiro: Record, 2022.
: il. ; 21 cm.

Tradução de: A Love Letter from the Girls who Feel Everything
ISBN 978-65-55-87426-6

1. Poesia americana. I. Steiner, Kandi. II. Assis, Janine Bürger de. III. Título.

| | |
|---|---|
| | CDD: 811 |
| 21-74681 | CDU: 82-1(73) |

Meri Gleice Rodrigues de Souza – Bibliotecária – CRB-7/6439

---

Título em inglês:
A Love Letter from the Girls Who Feel Everything
Copyright © 2018. A Love Letter from the Girls Who Feel Everything by Brittainy C. Cherry and Kandi Steiner.

Publicado mediante acordo com Bookcase Literary Agency.

Texto revisado segundo o novo Acordo Ortográfico da Língua Portuguesa.

Todos os direitos reservados. Proibida a reprodução, no todo ou em parte, através de quaisquer meios. Os direitos morais das autoras foram assegurados.

Direitos exclusivos de publicação em língua portuguesa somente para o Brasil adquiridos pela
EDITORA RECORD LTDA.
Rua Argentina, 171 – Rio de Janeiro, RJ – 20921-380 – Tel.: (21) 2585-2000, que se reserva a propriedade literária desta tradução.

---

Impresso no Brasil

ISBN 978-65-55-87426-6

Seja um leitor preferencial Record.
Cadastre-se no site www.record.com.br e receba informações sobre nossos lançamentos e nossas promoções.

Atendimento e venda direta ao leitor:
sac@record.com.br ou (21) 2585-2002.

# Introdução

Querida leitora, querido leitor,

Com as mãos trêmulas e o coração transbordando, escrevemos esta carta para você. Numa época em que trocar mensagens de texto é o meio de comunicação mais popular, queremos transportar você para algumas décadas no passado. Feche os olhos e imagine, se quiser, alguém de quem goste muito lhe dando uma pequena folha de caderno dobrada, com seu nome carinhosamente escrito na parte externa.

Você consegue ver a letra da pessoa?

Consegue sentir as bochechas quentes, o sorriso se formando no rosto enquanto segura o papel perto do coração e suspira?

Não sabemos há quanto tempo você recebeu a última carta de amor. Talvez tenha sido no ensino fundamental, do menino que se sentava duas carteiras atrás. Talvez tenha sido quando estava no exército, enviada por aquela jovem que aguardava seu retorno. Ou talvez tenha sido ontem, da pessoa que você ama há anos — ou de alguém que ama em silêncio, sem ter ainda dito as três célebres palavras em alto e bom som.

Qualquer que seja a situação, permita-nos guiar você pelas próximas páginas com carinho e cumplicidade. Nós entendemos. Nesta época em que sentir é passar vergonha, quando ser a "garota legal" ou "o cara desinteressado" é o objetivo, quando admitir que você sente alguma coisa que não seja indiferença é sinal de fraqueza — nós somos suas aliadas.

Nós somos as mulheres que sentem tudo.

E esta é nossa carta de amor. Para você, para eles, para elas, para nós, para o mundo, para ninguém. Seja o dia mais luminoso e ensolarado, quando tudo é perfeito, ou a noite de chuva mais lúgubre e sombria, quando a vida parece insuportável — nós passamos por tudo, sobrevivemos e sentimos cada segundo feliz ou doloroso.

Este é um brinde a quem se entrega aos sentimentos, às almas corajosas que escutam a batida do próprio coração e não têm medo de perguntar a outra pessoa se ela sente a mesma batida. Um brinde às mulheres, aos homens, ao amor que algumas vezes compartilhamos e ao amor que quase sempre escondemos.

E mais do que qualquer coisa, leitor, leitora — um brinde a você.

Com amor, sempre,
Brittainy & Kandi

Talvez devêssemos ter conversado
todos os dias, enquanto fazíamos o café.
Talvez devêssemos ter relatado
o que persistentemente nos magoava.
Talvez palavras tivessem ajudado
a evitar que desmoronássemos.
Mas talvez,
sem querer,
nós simplesmente esquecemos.

*Palavras esquecidas*
— B

Você foi embora da minha casa, e xinguei em voz alta,
caindo
ao chão,
desabando,
porque você não deveria ter se tornado importante
e de repente
era a única coisa
que eu não queria largar.

*Vício*
— K

Se ao menos você soubesse que seu valor não era determinado pelo modo como ele gemia ao saborear sua pele.

*Se ao menos*
— **B**

Estou na corda bamba,
o coração bate
o peito dói —
na esperança, equilíbrio,

na dúvida, colapso.

Para todo mundo à minha volta
permaneço estável —
polida como vidro,
respirando profundamente,

mas, por dentro, grito.

Por favor, não caia —
pé esquerdo
pé direito
capturando o olhar de todos.

Inspire, expire.

*O circo da ansiedade*
— **K**

Prefiro afogar-me em
um milhão de verdades
a respirar
uma
vil
mentira.

*Afogando*
— B

Numa época em que namorar não é namorar,
em que amar torna você uma pessoa fraca,
em que a pessoa que menos se importa
é quem mais tem poder,
e em que sentimentos nunca são debatidos...

Como pode a mulher que ama abertamente
sobreviver
diante do homem
que nunca se permite amar?

*Sobrevivência do mais forte*

— K

Talvez não tenha sido um erro,
mas simplesmente um livro que
precisava acabar.

Às vezes, a última linha
não é tão encantadora quanto
a primeira.

*Talvez*
— B

Durante um sonho ontem à noite
foi quando enfim me dei conta
de que mesmo quando afirmo estar bem,
para aceitar você com outra, não estou pronta.

*Mentindo acordada*
— K

Até em seus piores dias:
Quando você não consegue controlar os pensamentos.
Quando as lágrimas são mais rápidas que a respiração.
Quando sua cabeça mente, dizendo que você não tem valor.

Ele vai ficar.

Aquele que é destinado a você sempre ficará.

Se ele não ficar:
Minha querida.
Rainha de todas as rainhas.

Deixe
Ele
Ir.

*Até em*
— B

Viva com ousadia e sem remorso
e procure pessoas que façam o mesmo.

*Sem remorso*
— K

O que sei sobre você
e como me sinto em relação a você
são duas coisas bem diferentes.

Como os inimigos mais antigos
em guerra sabe-se lá mais por que razão
nunca haverá declaração de vitória.

*Inimigos*
— K

Nem sempre é preciso uma gaiola
para manter alguém trancafiado.

Às vezes, as memórias são a forma mais
poderosa de encarceramento.

*Tranca*
— B

Me ame, ela implorou.
Não posso, ele mentiu.
Por quê?, ela perguntou.
O silêncio dele foi sua única resposta.

*Responda*
— K

Quando olhar para mim
verá que sou a luz
que ilumina meu próprio caminho.

*Luz*
— B

Que maravilhoso,
quando você se dá conta de que

Perdida não é lugar
nem tragédia
mas uma jornada rara

é um lindo estado
de Descoberta.

*Perdida*
— K

O mundo me fez fria
Ele fez sua missão me derreter.

*Fria*
— B

Eu soube que você ficaria melhor sem mim
antes de você mesmo.

Todo mundo pensou que você fraquejaria,
mas não eu.
Porque depois que parti,
você precisou se levantar.
Não teve opção.

Você não podia mais ficar sentado e deixar
que eu o carregasse.
Não, você precisava se levantar.

E levantar fez você perceber que queria andar.

E então quis correr.

No fim das contas,
eu parti para que você se tornasse um homem melhor.
Para outra mulher.
Que não sou eu.

*Um homem melhor*
— K

As palavras dele pairavam no ar,
Suaves como o vento.

Os sussurros pareciam um toque de amor,
mas os lábios tinham mais gosto de pecado.

*Ar*
— B

Se houver um jeito de você
me ver: as partes que queimam.

Não tente me apagar.

Em vez disso, veja
as batidas do coração
dentro
das chamas.

*Fogo*
— B

Ele surge em ondas:
Quando estou prestes a seguir em frente.
Quando quase me desvencilho.
Quando vejo a areia da praia.

Então ele tenta
me afogar.

*Água*
— B

Desço de novo
para a terra firme.

Você não foi feito para mim.

Chega de mentiras deslavadas.
Chega de manipulação.
Chega de promessas de um futuro que você nunca sonhou
concretizar.

Encaro a realidade.

*Terra*
— B

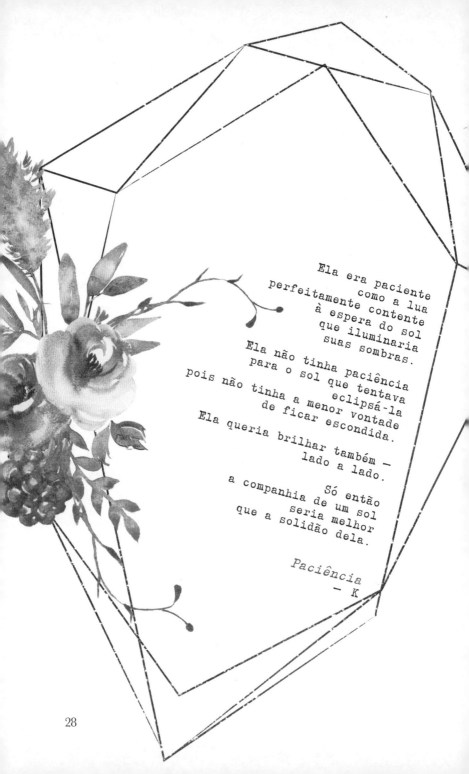

Ela era paciente
como a lua
perfeitamente contente
à espera do sol
que iluminaria
suas sombras.

Ela não tinha paciência
para o sol que tentava
eclipsá-la
pois não tinha a menor vontade
de ficar escondida.
Ela queria brilhar também —
lado a lado.

Só então
a companhia de um sol
seria melhor
que a solidão dela.

*Paciência*
*— K*

Não quero perder você,
então,
em vez disso,
perco
um pouco
de mim mesma.

Porque não há nada que eu queira mais que manter você
nos lençóis de onde sempre foge.

*Escolhas*
— K

Como é lindo ser humano.

Nós caímos no sono
nos afogando
em lágrimas
e dor


mas acordamos com um novo alvorecer
em um novo dia
com o rosto seco.

*O humano*
— K

Foi nas noites silenciosas,
aquelas em que passou sozinha,
que ela entendeu que a solidão não era a ausência de
outra
pessoa,
mas sim a ausência
de amor-próprio.

*Garota solitária*
— K

Quando ele pensar em mim,
espero que se lembre dos ocasos,
em vez das tempestades erráticas.

*Lembrar*
— B

Existe todo esse medo de se magoar. Por
sentir, por amar — por saber que o amor pode não ser
correspondido ou, pior, conquistado e depois retirado.

Mas por quê?

Não é à dor que creditamos nossa força? Não é a dor o
que remove as camadas e revela nosso verdadeiro eu?
Não é em nossos momentos de maior fraqueza que
descobrimos o quanto conseguimos suportar?

Não tenho medo do amor nem das cicatrizes que ele
possa deixar.

Essas cicatrizes são prova de que vivi.

*Cicatrizes*
— K

Acho uma delícia
o modo como as batidas do seu coração
beijam meus ouvidos.

*Delícia*
— B

Tudo isso é fácil
fácil para ele
ele que amo
amo que sei
sei que me matará no fim
fim que está perto
perto de mim ele sussurra
sussurra vazias palavras
palavras que me fazem sentir
sentir é o que não eu deveria
deveria deixá-lo ir?
Vá, eu disse
disse tarde demais.

*Vá*

— K

É engraçado como o amor pode vir na hora errada.
Eu não estava pronta para o seu.
Você estava pronto para o meu.

Comparei você aos outros,
mesmo não sendo nada parecido com eles.

Por causa de antigas mágoas.
Por causa de antigas dores.
Por causa de um coração ainda partido.

Quando você se foi, eu soube que era a única culpada.

Mas quando penso em meus dias preferidos
minha mente sempre se volta para
você.

*Você*
— B

A elasticidade do Tempo sempre me intrigou.
Como é impressionante que algo possa parecer
ter ocorrido séculos atrás e, ao mesmo tempo, ontem.
Às vezes, o Tempo é um amigo, um curandeiro,
um amor que segura nossa mão enquanto cruzamos
o inferno. Mas, outras vezes, o Tempo é um inimigo,
nos levando de volta para uma época e um lugar que quase
nos matou, como se quisesse nos lembrar de que, não
importando o quão fortes somos agora, já fomos fracos, já
estivemos dilacerados, e podemos acabar assim de novo.

*Tempo*
— K

Um dia ela decidiu que estava tudo bem sentir.
Abraçou as cicatrizes do passado e se permitiu
desabar.

Pela manhã, derramou lágrimas no café.
À noite, debulhou-se no chá.

Às vezes, é preciso desmoronar-se por completo para
libertar o coração.

*Um dia*
— B

Não é a coisa mais triste de todas,
que o amor não tenha sido suficiente para mim?

*Suficiente*
— K

Não vá atrás da atenção dele.
Não é assim que o amor funciona.

*Perseguição*
— B

Ele me chamou de bonita.
Puxou meus cabelos.
Sussurrou frases carinhosas
no ar.
Quando meus olhos se fecharam,
ele ainda estava lá.

Quando acordei, o aroma de
sua colônia era tudo que restava na
fronha.

*Fronha*
— B

Há um tumulto dentro de mim
que desperta assim que o sol se põe
e a noite se transforma naquele cobertor vasto,
disforme e
pesado a me cobrir.

Eu gargalho livremente
à luz do dia,
mas, em meio à escuridão,
sou escrava da minha ansiedade.


*Tumulto*
— K

Ela é uma alma de verão aprisionada
em uma geada de inverno.

*Calor fora de lugar*
— B

Questão de *timing*
e de distância.
Amigos
ou inimigos,
dependendo de
a qual dos amantes
você pergunta.

*Coisa nebulosa*
— K

Senti falta dele antes mesmo que partisse.

Quando inspirei o seu perfume enquanto ele beijava meu pescoço.

Eu o amei em parte porque falou que também me amava.

Mas como ele poderia me amar

Quando o aroma dele tem o seu cheiro?

*Seu cheiro*

— B

Foi péssimo, sério, como me senti quando ele disse que não conseguia me amar. Depois de vários meses juntos, compartilhando mente, corpo e alma, ele não conseguia me amar. E eu deveria ter ficado com raiva, deveria ter ficado feliz por me livrar dele, mas fiquei apenas triste. Fiquei só magoada porque senti que a culpa era minha. Não sou boa o suficiente, não sou interessante o suficiente, não sou sexy o suficiente.

Não sou *suficiente* para ele.
Um dia ele vai amar alguém com naturalidade,
e ela não sou eu.

Foi péssimo, porque é muito privilégio ser amado por mim, capturar meu coração do jeito que ele fez; e, mesmo assim, eu permiti que ele me fizesse sentir culpada por ele jogar isso fora, como se o diamante é quem fosse burro, em vez do mergulhador que o confundiu com uma pedra.

*Diamante*
— K

Sou selvagem.

Errática.

Meus cabelos nem sempre são penteados.

Às vezes é penoso me vestir.

Tenho centelhas de inspiração.

Algumas vezes, não durmo por dias.

Trabalho até os olhos lacrimejarem
e o peito queimar.

Tento tornar perfeitas as imperfeições.

Mesmo assim, ao meu lado, ele permanece inerte.

Tão calmo quanto possível.

Ele não julga.

Não repreende.

Abraça minha vida selvagem.

Ele permanece impassível pela fera dentro de mim.

*Impassível*

— B

Ontem não existia.
Amanhã talvez não exista mais.
Mas, neste momento,
nós amamos.

*Momentos*
— B

Demorei muito tempo, talvez tempo demais, para me dar conta de que eu era forte o suficiente para exigir aquilo que mereço. E, logo que isso aconteceu, depois que aprendi o poder de ir embora quando aquilo de que eu precisava não poderia ser dado, descobri que mais paz vem da dor de desapegar do que da facilidade de manter o apego.

*Poder*
— K

Sonhos preenchiam a alma dela
como a água preenche o rio —
mansamente
com a paciência para
esculpir montanhas
e a força
para romper barragens.

*Sonhos*
— K

Se você soubesse o quanto é forte,
jamais
duvidaria das batidas do seu coração.

*Se você soubesse*
— B

Estou bêbada
de seus lábios,
de seus quadris,
do jeito como você fala meu nome gemendo.

Não sei mais o que é realidade quando você adentra
meus sonhos.
Não sei mais o que é respirar quando você
reivindica meu corpo como sua obra-prima.

Me serve mais uma dose,
e deixa eu te mostrar
a sensação da minha pele
na sua cara.

*Orgasmo bêbado*
— B

Você é a lua e eu, o sol,
numa perseguição eterna.
Não é possível ficarmos juntos sem
um de nós apagar
as verdades internas, de sentimentos e
pensamentos não compartilhados.
Onde seu desejo por amor fica obscurecido,
o meu brilha intensamente.
Então, quando você desaparece de novo, indo embora
com o alvorecer,
eu me pergunto o que é pior: desapegar,
ou manter o apego?

*O que é pior*
— K

Me ama devagar.
Me inspira.
Me diz que eu sou mais
do que todos os meus piores pecados juntos.

*Como amar as cicatrizes*
— B

Gosto de fazer coisas pela primeira vez. Gosto da empolgação, da incerteza. Gosto de criar expectativas e amo mais ainda quando elas não correspondem à realidade. Gosto de viver a vida como se dois dias não pudessem ser iguais.

*Minhas coisas favoritas*
— **K**

Ah, querida, você não consegue ver?
Não é amor se ele apenas sussurra
as palavras
quando está curvado
entre seus joelhos.

*Querida*
— B

No meio da noite, ela acordou constrangida
por toda a falta de confiança em si mesma
de que se alimentou todos os dias.

Ela ficou deitada na escuridão
e imaginou a luz.

Respirou fundo.
Fechou os olhos.

Porque não importa o que aconteça
a manhã é uma promessa
depois de cada noite difícil.

*Meio da noite*
— B

Não estou triste por ter perdido você,
porque na verdade isso nunca aconteceu.
Você ainda está aqui,
no meu coração,
na minha cabeça,
dando forma à mulher que serei
quando todas as cicatrizes tiverem sarado.

*Ainda aqui*
— K

Eu achava que sabia o que era dor,
mas então você me abraçou.

Na minha cabeça, tantos pensamentos ganharam vida
naquele momento —

Que aconchegante.
Que sensação de segurança.
Que delícia.

Você beijou minha testa, um suspiro escapando de seus
lábios ao fazê-lo, um que interpretei como contentamento,
mas você expirou de preocupação.

Tudo que você pensava naquele momento era,
"Quanto tempo falta até eu poder ir embora?"

E eu estava lá também
em seus braços
enumerando uma centena de razões para você ficar.

*Em seus braços*
— K

A máscara que você usa todo dia
só deixa cicatrizes em você.

*Máscara*
― B

Sinto muito.

Sinto muito por distraí-lo, meus ombros desnudos,
minhas coxas muito expostas com esses shorts.

Sinto muito por falar tão alto, minhas palavras feias
com verdades; seus ouvidos sensíveis pela ignorância.

Sinto muito por ir atrás do meu sonho; como fui egoísta
por não ter pedido a sua permissão.

Sinto muito por te largar, quanta falta de consideração
me erguer quando você implorou para eu me curvar.

Sinto muito por mostrar que você estava errado, como
meu sorriso deve deixá-lo constrangido.

Sinto muito por esta flor, que você tentou por tanto
tempo afogar, ter florescido — aquele caule, antes tão
frágil e fraco, agora tem raízes profundas.

Sinto muito por eu nunca ter sentido muito.

E porque nunca sentirei.

*Sinto muito, não sinto muito*
— K

Quando ele faz você duvidar de si mesma:
Do seu valor.
Da sua força.
Dos seus sonhos.

Arrume suas malas e vá embora.

*Vá embora*
— B

Uma das mais duras lições que já aprendi é que você pode ser a melhor versão de si mesma, e ainda assim não ser suficiente.

*Lições que aprendi*
— K

Menos medo
Mais amor
Menos confusão
Mais esperança
Menos dor de cotovelo
Mais plenitude

Menos você
Mais eu

*Menos*
— B

Afaste-se. Não — corra. Corra das coisas que não te
servem, do passado que não te define, do presente
que não te agrada, e das pessoas que não te valorizam.
Acredite, a paz é encontrada no movimento,
no descobrimento, e o caminho não tem fim.

*Corra*
— K

Usei seu nome para
remendar os rasgos
em meu coração.

Não sabia que costuras temporárias podiam
rasgar com tanta facilidade.

*Seu nome*
— B

Não sou a garota descolada,
aquela de quem é fácil gostar,
que é fácil de amar,
que é fácil de largar.

Sou a garota dos olhos selvagens,
do coração errante,
do espírito livre.

Quanto mais forte você segurar,
mais ansiarei por escapar.

*Garota descolada*
— K

Beije-me
como o sol poente beija a água
no horizonte —
vagarosamente,
gentilmente,
e então por completo,
de uma só vez,
engolindo-me por inteiro,
deixando-nos
em uma nova noite quente.

*Beije-me*
— K

Ele tentou me tratar como camponesa.
Eu sabia que não era nada menos que rainha.

Eu saí do lado dele.

Não era exigência real
uma rainha ter um rei.

*Realeza*
— B

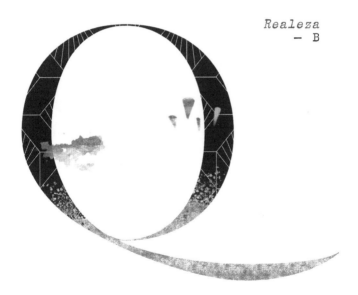

Ah, bobinho. Você deve ter confundido a bondade dela com fraqueza, o amor dela com brincadeira, o coração dela com um brinquedo. Até que ela se foi, uma cicatriz na pele e um sorriso no rosto ao sussurrar: "Fim".

*Brincadeiras*
— K

A cada alvorecer
você pode
começar de novo.

*Manhã*
— B

É romântico
quando amantes se beijam com os olhos
e depois com os quadris.

*Romance*
— B

Modo de defesa acionado em 3… 2…
Tudo a partir de um olhar
uma pergunta
uma compreensão
de você.

*3, 2, 1*
— K

Chegará o dia
em que você andará sozinho
e terá de contar as batidas
do seu próprio coração.

*Solo*
— B

Nas noites silenciosas em que você me abraça,
seu coração bate sob a minha orelha,
suas mãos em meus cabelos —
é quando o escuto mais alto.

Aquelas três palavras ainda não dissemos,
mas ambos sabemos serem verdadeiras,
esperam em linda suspensão
para serem ditas.

*Eu te amo*
— K

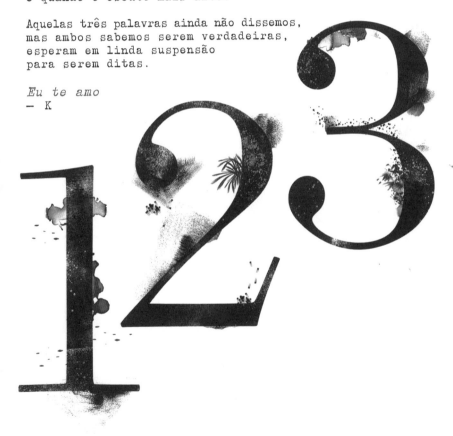

As inseguranças dela, como um dia barulhento,
no gentil abraço dele, caem no esquecimento.

*Pausa*
— B

Há um momento na vida
em que você se dá conta de sempre ter sido suficiente.
Era ao resto do mundo
que faltava algo.

*Um momento*
— B

Entendi nosso erro.
Onde você via raios de sol,
eu sentia apenas a chuva.

*Erro*
— B

Anseio por manhãs
despertando enrolada
em você,

mãos entre coxas,
saboreando o orvalho matinal.

*Orvalho matinal*
— K

É quente à noite quando os corpos se entrelaçam.
Os dedos dos pés, a luxúria embaraça,
de mentiras a alma devassa.
Ainda assim, quando você desperta,
a cama está fria à beça.

*Quente*
— B

É tão trágico que
para eu me amar
tenho que dar as costas
ao meu amor por você.

*Trágico*
— K

No meio da noite,
você vai se virar na cama à procura dele.
Ansiando. Desejando. Suplicando.
Mas também se lembrará de que é melhor manter bem
enterrados os fantasmas do passado,
porque, ao amanhecer,
as sombras deles se queimam sempre.

*Anoitecer*
— B

Seus olhos eram a corda,
seu beijo, o nó.
E a árvore na qual me enforco,
cresceu de momentos que já viraram pó.

*A árvore do enforcamento*
— K

Nós nos beijamos em câmera lenta
e eu permiti que os lábios dele se
d e m o r a s s e m .

*Lento*
— B

Antes de você,
Amor era substantivo.

Eram flores e títulos,
fotos capturadas com certa falta de sentimentos reais.
Palavras gritadas sem intenção,
promessas feitas somente para serem descumpridas.
Um homem que tratava uma mulher como nada,
e uma mulher que permitia isso.

Depois de você,
Amor é verbo.

São portas abertas,
braços que seguram firme enquanto lágrimas escorrem.
Palavras sussurradas doce e genuinamente,
que as ações trazem à vida.
É um homem que trata uma mulher como se ela fosse
tudo, e uma mulher que valoriza isso.

*Antes e depois*
— K

Onde preocupações desaparecem e sua mão encontra a
minha. Vamos passear até o sol se pôr
e beijar o céu da meia-noite com nossos sonhos.

Ande comigo.

*A caminhada*
— B

Vivo para domingos vagarosos,
despertando sob lençóis quentinhos
com seus braços ao meu redor
minhas pernas ao seu redor
o meu e o seu coração embrulhados
um no outro.

*Domingos*
— K

Estático em minhas memórias,
você sempre existirá.

*Estático*
— B

Ela era mariposa,
ele, chama
que a atrai para mais perto,
com promessas de conforto
e aconchego.

Ela bateu as asas perto o suficiente
para ele pensar que a possuía,
mas manteve certa distância
para voar para longe em segurança.

Porque ela voou com asas chamuscadas,
como um doloroso lembrete
de como aquela chama
podia queimar.

*Asas chamuscadas*
— K

Você mais eu é igual a
infinitas
possibilidades.

*Matemática*
*— B*

Eu lhe entreguei meu coração,
essa coisa sanguinolenta, ferida, quase sem pulsar,
e você o segurou reverentemente,
olhos arregalados em adoração.
Você o queria para si,
jurou cuidar dele,
e pela primeira vez
acreditei que alguém finalmente faria isso.

*O presente*
— K

Por ele é fácil me apaixonar.

Quando segura minha mão e aperta tão gentilmente.
Quando segura meu corpo e aperta intensamente.
Quando sussurra. Quando fala alto.
Quando seu beijo me nocauteia no último assalto.

Quando minha cabeça descansa em seu peito,
e com a suave massagem em meu pescoço me deleito.

Quando ele me olha nos olhos,
e sorri para mim.

Ah, que sorriso arrebatador.

Quando ele desmorona
e me deixa entrar mesmo assim.

Acontece que mulheres despedaçadas podem ter cura.
Ele é prova viva de que amor verdadeiro não é mentira.

Por ele é fácil.

*Fácil*
— B

Eu me apaixonei por ele em momentos banais —
              quando gargalhou forte,
     quando me perguntou que boné usar,
     quando cantou um pouco desafinado,
quando pousou a mão na parte interna da minha coxa
   enquanto dirigíamos pela estrada de terra.
            Não foi um gesto grandioso,
   nem uma demonstração épica de paixão.
Simplesmente existi no mesmo espaço que ele
e me dei conta de poder permanecer bem ali,
              sem fazer nada especial,
e ser extremamente feliz pelo resto da vida.

*Gesto grandioso*
— K

# Obrigada

Leitoras e Leitores,

Terminamos esta carta e esperamos que você a guarde com um senso de renovação. Desejamos que tenha encontrado um pouco de si nestas páginas, e que seu coração esteja comovido, com batidas de identificação. E talvez — quem sabe? — você tenha também deixado um pouco de si nestas páginas.

O último recado que queremos dar para você é: siga em frente e sinta. Abrace seus hojes e amanhãs com amor e paixão, com o bravo destemor que é necessário não somente para admitir seus sentimentos, mas para agir a partir deles.

Abrace alguém desconhecido. Abrace amigos. Mande mensagem para aquela pessoa — ou não, desde que você siga a verdade de seu coração e de seus desejos. Beije como se fosse a primeira vez ou talvez como se fosse a última. Diga a alguém como você se sente. Viaje. Veja o mundo. Conheça gente nova. Deixe que sintam a batida de seu coração e peça para sentir o coração deles também.

*Escreva uma carta de amor* — assine seu nome no fim, com orgulho.

E, acima de tudo, cuide-se. Porque você é suficiente e tem valor.

Sempre teve.

Até a próxima.


Sempre com amor,

Brittainy & Kandi

Este livro foi composto nas tipografias Times New
Roman e Typewriter BasiX, e impresso em papel
Pólen Bold 90g/m$^2$ na Gráfica Santa Marta Ltda.